RÖMISCHES REICH

W0062374

SARMATIA

MARE INTERUM

ARABIA

DEIN CODEWORT

7w8Florus41p

Weitere Abenteuer auf:
www.thienemann.de/CodewortRisiko

Gib deinen persönlichen Geheimcode ein
und erlebe die spannende Welt von
Codewort Risiko!

CODEWORT
RISIKO

Frank M. Reifenberg

Florus und
die Verschwörer
von Rom

Mit Bildern von Susanne Wechdorn

Thienemann

Florus und das mörderische Wagenrennen (Bd. 1)
ist ebenfalls bei Thienemann erschienen

 Für Manuel

Reifenberg, Frank M.:
Florus und die Verschwörer von Rom
ISBN 978 3 522 18285 0

Reihengestaltung: init.büro für gestaltung, Bielefeld
Einband- und Innenillustrationen: Susanne Wechdorn
Rätsel (Konzeption): Anja Lohr
Schrift: ITC Stone Sans, Kosmik
Satz: KCS GmbH, Buchholz/Hamburg
Reproduktion: Medienfabrik, Stuttgart
Druck und Bindung: Friedrich Pustet, Regensburg
© 2011 by Thienemann Verlag
(Thienemann Verlag GmbH), Stuttgart/Wien
5 4 3 2 1°   11 12 13 14

www.thienemann.de
www.frank-reifenberg.de
www.lesefoerderung-fuer-jungen.de

Inhaltsverzeichnis

Ein heimlicher Lauscher

»Verschwinde!«, schnauzte jemand mit rauer Stimme. »Der Platz gehört uns.«

Florus drehte sich um. Bisher war er der einzige Gast in der Taverne gewesen. Er holte tief Luft, um dem Kerl, der ihm seinen Platz streitig machen wollte, eine gepfefferte Antwort zu geben. Als sein Blick jedoch an der Tunika des Mannes hinaufglitt, klappte Florus' Kinnlade herunter.

Der Stoff des Gewandes spannte um die Brust des Mannes. Muskeln, wie Florus sie zuvor nur bei Gladiatoren gesehen hatte, zeichneten sich darunter ab. Der Vollbart, die kräftigen Wangenknochen, der stechende Blick der tiefschwarzen Augen und vor allem die Narben in seinem Gesicht rieten ebenfalls von einem Streit mit ihm ab.

In seinem Beingurt blitzte ein Dolch auf. Ein schneller Stoß mit der zweischneidigen Klinge genügte, um das Herz eines Gegners zu durchbohren. Allemal, wenn dieser Gegner gerade neun Jahre alt und ungefähr halb so groß wie der Bärtige war. Für einen gerade eben freigelassenen Sklaven war es zudem nicht ratsam, sich mit diesem Kerl um einen Tisch im Gasthaus zu streiten.

Wo bleibt nur Cassius?, fragte Florus sich. Mit dem großen Helden von Rom an seiner Seite wäre ihm das sicher nicht passiert. Mit einem mürrischen Blick erhob er sich. »Ich muss sowieso los«, knurrte er.

Der Mann winkte ein paar Männer, die mindestens ebenso düster und be-

drohlich wirkten wie er selbst, herbei und rief nach Wein.

Der Wirt der Taverne, ein dicklicher Kerl mit rosigen Wangen, scheuchte Florus hinaus. »Du hast nichts und niemand gesehen«, flüsterte er, »und nichts gehört, du warst am besten gar nicht hier, wenn dir dein Leben lieb ist!« Schweißtropfen perlten von seiner Stirn. Dann schlug er die Tür zu.

Florus hörte, wie ein Riegel vorgeschoben wurde. Kurz vor der Mittagszeit, wenn die meisten Gäste kamen, die er mit schlechtem Wein und miesem Essen um ihr Geld bringen konnte, schloss der Wirt das Gasthaus?

Florus zögerte keine Sekunde. Mit ein paar Schritten hatte er schnell das Ende der Gasse erreicht. An der Ecke mündete die Straße in einen Platz, in dessen Mitte ein Brunnen sprudelte. Dort bog Florus nach rechts ab, ging zwei Schritte in die nächste Gasse und lehnte sich mit dem Rücken an eine Mauer. Er spähte nach rechts und links. Niemand war zu sehen. Im nächsten Augenblick war Florus wie vom Erdboden verschluckt.

Er hatte sich durch einen schmalen Spalt gequetscht, der von ein paar Brettern verdeckt wurde. Im Vorbeigehen fiel der versteckte Zugang zur Rückseite der Taverne kaum auf. Florus hatte ihn vor ein paar Wochen zufällig entdeckt. Jetzt schlich er sich mit geducktem Oberkörper durch den Hinterhof der Taverne.

Es stank nach Eselsmist und Essensresten, die der Wirt der Schenke einfach hinter das Haus schüttete. Zwei Katzen stritten um die Reste eines gegrillten

Fischs. Die kleinere mit struppigem rot-
braunem Fell siegte und schleppte das
Festmahl davon.

Florus duckte sich unter das Fenster
an der Längsseite des einstöckigen Hauses. Ein Murmeln drang nach draußen,
aber Florus konnte nicht genau
verstehen, über was die Männer
sprachen. Die Worte polterten
durcheinander. Die Männer
schienen zu streiten.

Einer schlug auf den
Tisch und rief: »Der Kai-
ser muss sterben, so-

bald wie möglich! Ich werde ihn mit diesem Dolch …«

»Nicht so laut, Faustus! Oder willst du, dass die Prätorianergarde vor der Tür steht?«

Der Fensterladen war nur angelehnt. Durch den Ritz konnte er die Hälfte der Gruppe sehen. Der Bärtige hatte seinen Dolch in die Tischplatte gerammt.

Direkt neben ihm stand ein hoch aufgeschossener Mann mit schneeweißem Haar. Es musste ein Senator sein, denn seine weiße Tunika überzog der purpurrote Streifen, der nur diesen hohen Herren vorbehalten war.

»Habe ich dich erwischt!?«, hörte Florus eine Stimme hinter seinem Rücken. Eine Hand packte ihn an der Schulter.

INFO

Das Römische Reich bestand ungefähr von 700 vor bis 800 nach Christus. Zuerst war es ein Königreich, dann eine Republik und zum Schluss regierten Kaiser. In der Zeit der Republik war der Senat eine der wichtigsten Einrichtungen des Staats. Diesem Ältestenrat gehörten nur Männer der bedeutenden und angesehenen Familien an. Man erkannte die Senatoren an ihrer Kleidung. Sie waren Gesetzgeber und Regierung zugleich. Alle Römer mussten dem Senat und seinen Mitgliedern hohe Ehrerbietung bezeugen, was sich auch in dem Schriftzug S.P.Q.R. ausdrückt, den man heute noch in vielen antiken Inschriften findet. Er steht für *senatus populusque romanus* (Senat und römisches Volk). In der Kaiserzeit gab es den Senat zwar weiterhin, er verlor jedoch an Bedeutung.

INFO

RÄTSEL

Schau dir die Bildausschnitte genau an und suche sie im Bild.

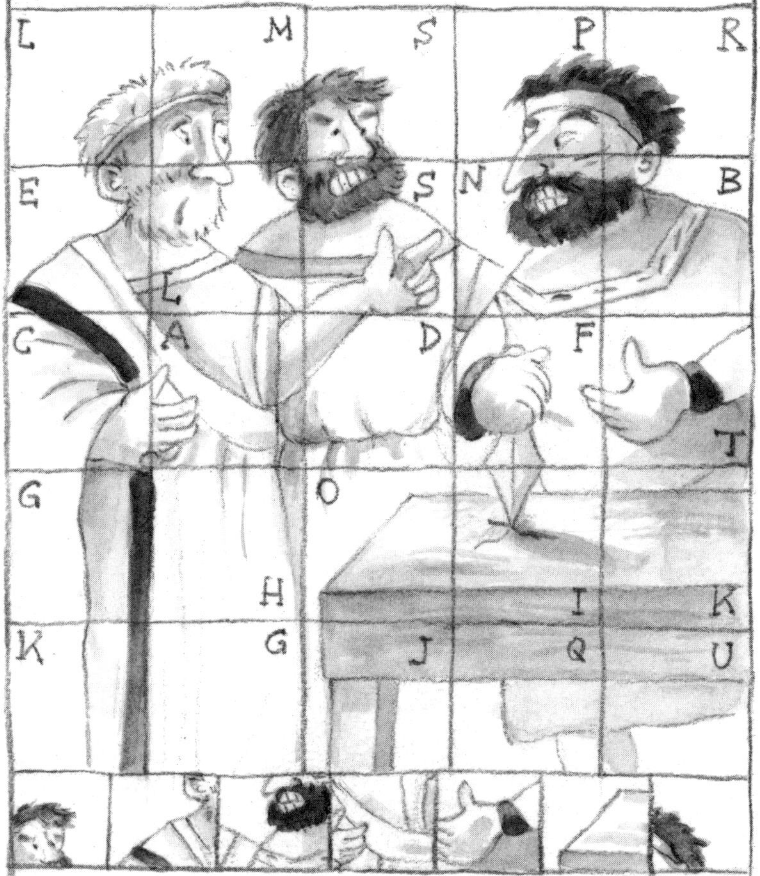

Schreibe die passenden Buchstaben nacheinander auf ein Blatt. Welches Lösungswort ergibt sich?

Verschwörung gegen Rom

»AUTSCH!«, entfuhr es Florus.

Cassius' Lachen schallte über den Hof. Der berühmte Wagenlenker, als dessen heimlicher Vertreter Florus das große Rennen gewonnen und damit die Freilassung aus der Sklaverei erreicht hatte, war bester Laune. Er liebte solche Scherze. Er hatte wohl beobachtet, wie Florus durch die Lücke in der Mauer verschwand, und war ihm heimlich gefolgt.

»Willst du den Katzen das Futter stehlen?«, fragte er. »Oder beobachtest du eine hübsche Römerin beim Baden?«

Florus legte einen Zeigefinger auf die Lippen. »Pssst!«, zischte er, aber es war zu spät.

Mit einem Krachen flog der hölzerne Fensterladen auf. Blitzschnell zwängte sich der Bärtige durch die Öffnung. Zwischen seinen Zähnen funkelte der Dolch. Kaum hatte er im Hof sicheren Stand ge-

funden, hielt er das Messer auch schon wieder in der Hand. Jeden Augenblick würde er Cassius angreifen. Zwei seiner Begleiter traten aus der Hintertür des Gasthauses, ein vierter Mann versperrte den Fluchtweg über die Gasse.

»Kommt nur, wenn ihr euch traut«, sagte Cassius.

Die Angreifer zögerten nur kurz, stürzten sich dann aber auf ihn.

Als Wagenlenker war Cassius unschlagbar. Auch als Kämpfer konnte er sich sehen lassen, immerhin war er der Sohn eines germanischen Fürsten und hatte sich schon als Junge in allen Arten des Kampfes geübt. Gegen vier muskelbepackte und bewaffnete Gegner hatte er jedoch schlechte Karten.

Mit einer Hand schnappte er Florus beim Schopf, um den Jungen hinter sich in Sicherheit zu bringen. Mit der anderen griff er nach einem der Müllkübel und schleuderte ihn dem bärtigen Mann mit dem Dolch in die Arme.

Dieser fluchte, ließ sich aber nicht lange abhalten. »Überlasst ihn mir«, rief er und sprang auf Cassius zu. Einer sei-

ner Helfershelfer warf sich auf Florus. Er zappelte und schrie, trat, so fest er konnte, nach vorne und traf seinen Angreifer am Schienbein.

»Kleiner Mistkerl«, presste dieser durch die Zähne.

Der Bärtige, den der Senator Faustus

genannt hatte, umschlich Cassius wie ein Tiger. Auch Cassius hatte sein Messer gezückt. Faustus sprang mit einem Schrei nach vorne. Cassius wich ihm aus. Der Stich mit dem doppelschneidigen Dolch ging ins Leere.

Einer von Faustus' Männern packte sich einen leeren Weinkrug und schleuderte ihn gegen Cassius, der sich gerade noch ducken konnte. Das tönerne Gefäß zerschellte an der Wand der Taverne. Mit einem Satz war Faustus nun hinter Cassius.

Faustus hob den muskelbepackten Arm. Als würde die Zeit gebremst, ganz langsam, sah Florus, wie die Hand sank, um den tödlichen Stoß in Cassius' Rücken zu vollenden.

Florus grub die Zähne in den Unterarm des Mannes, der ihn festhielt. Mit einem Schmerzensschrei lockerte der den Griff. Sofort schnellte Florus nach vorne. Mit ausgestreckten Armen stieß er Cassius zur Seite. Er spürte, wie die Klinge des Angreifers noch seine Schulter streifte. Ein brennender Schmerz, aber keine Verletzung, die ihm wirklich etwas anhaben konnte.

»Das ist Cassius, der größte Wagenlenker Roms und Held des Volkes«, hörte Florus sich selbst schreien. »Wer ihn tötet, hat die ganze Stadt gegen sich!«

INFO

Im alten Rom gab es viele Kämpfe um die Macht. Verschwörungen und Morde waren nicht selten ein Mittel der Politik, sogar unter Verwandten. Einer der berühmtesten Morde ereignete sich am 15. März des Jahres 44 v. Chr. Einige Senatoren waren nicht mit der Politik des Julius Cäsar einverstanden. Er war ein erfolgreicher Feldherr und ließ sich zum Diktator auf Lebenszeit ernennen. Der Senat wurde damit entmachtet, woraufhin sich eine Gruppe von Männern entschloss, Julius Cäsar zu töten. In der Senatssitzung an diesem Tag ermordeten sie ihn mit 23 Messerstichen. Danach ging es drunter und drüber in Rom, es gab einen Bürgerkrieg und am Ende führte Cäsars Adoptivsohn Octavian unter dem Ehrennamen Augustus das Kaisertum ein.

INFO

Der Kampf ereignet sich in Sekundenschnelle.

**Was hat sich nach wenigen Sekunden verändert?
Suche die 10 Fehler.**

RÄTSEL ?

Ausgetrickst!

»Schluss damit!«, zischte jemand. Der Senator war in den Hof getreten.

Er sprach nur ganz leise, aber die Angreifer kuschten sofort. Sogar Faustus ließ den Dolch sinken, blieb jedoch wachsam wie ein Luchs auf der Jagd.

»Was soll das?«, schimpfte der Senator. »Wir sind doch keine Straßenräuber, die kleine Kinder umbringen.«

Am liebsten hätte Florus sofort richtiggestellt, dass er vielleicht nicht sehr groß, aber ganz gewiss kein Kind mehr war. Die Wunde an seiner Schulter hielt

ihn jedoch zurück. Vielleicht war es bes-
ser, erst einmal herauszufinden, was hier
eigentlich vor sich ging. Eines war klar:
Er war Zeuge einer Verschwörung ge-

worden und kein anderer als der Herrscher des Römischen Reiches sollte ermordet werden. Und vermutlich nicht nur er, sondern auch seine Anhänger.

»Du bist also Cassius, der Wagenlenker?«, fragte der Senator, der sich wohl nicht sehr für die Rennen im Circus Maximus interessierte, sonst hätte er den großen Star der Rennbahn sofort erkannt.

»Ja«, drängelte Faustus sich nach vorne. »Er gehört zur grünen Partei und du weißt genau, wer diese unterstützt.«

»Julius Marcus Severus …« Der Senator hob die Augenbrauen. »Und du«, er winkte Florus zu sich, der sich aber keinen Schritt von der Stelle bewegte, »du gehörst doch auch zum Haushalt meines guten alten Freundes.«

Die Art, wie er die letzten drei Worte

ausgesprochen hatte, erschreckte Florus. Das bösartige Gelächter, das er damit bei seinen Helfern auslöste, steigerte den Schreck in pure Angst. Sein Förderer, der Vater von Livia, die ihn einst vor dem sicheren Tod bewahrt hatte, als Straßenräuber ihn fast erschlagen hatten, war in größter Gefahr. Als wichtiger Unterstützer des Kaisers stand er ganz sicher auch auf der Todesliste der Verschwörer. Und Livia, ein schutzloses Mädchen!? Florus wagte es nicht, den Gedanken zu Ende zu bringen.

»Wenn Julius Marcus Severus ein Haar gekrümmt wird …«, presste Cassius durch die Zähne, aber Florus unterbrach ihn.

»… freut sich niemand mehr als wir!«, vollendete der Junge den Satz, »denn er ist ein übler Bursche. Er hat versprochen,

Cassius und mich freizulassen, aber sein Wort gehalten hat er nicht. Wir können euch helfen!«

Cassius schaute Florus voller Erstaunen an. Er schien nicht zu kapieren, was sein Freund vorhatte.

»Was brauchen wir einen wie den, er stammt aus Germanien, ein Barbar«, sagte Faustus.

»Wenn ihr Cassius auf eurer Seite habt, wird das römische Volk euch zujubeln!«, fuhr Florus fort.

Der Senator dachte einen Augenblick nach. Dann nickte er. »Du bist ein schlauer Bursche«, sagte er. »Die Bürger Roms sind leicht zu beeinflussen. Heute jubeln sie Feldherren und siegreichen Gladiatoren zu, morgen fordern sie deren Tod. Wenn man ihnen genug Essen, Wein und vor allem Unterhaltung bietet, sind sie schnell der Freund einer Partei, die sie gestern noch gehasst haben.«

Er drehte sich zu den Schlägern um Faustus um.

»Bringt die beiden in mein Haus auf dem Palatin«, befahl der Senator. »Vielleicht können sie uns tatsächlich noch nützlich sein.«

INFO

Der Palatin oder auf Lateinisch *mons palatinus* ist
einer der sieben Hügel Roms. In der Antike stand
dort inmitten der prächtigen Villen eine schäbige
Hütte, die Casa Romuli, in der angeblich der
Staatsgründer Romulus gelebt hat. Zur Kaiserzeit
war der Palatin auch der Wohnort der reichsten
und mächtigsten römischen Familien. Sie wollten
alle in der Nähe der Machthaber sein, denn seit
Augustus hatten auch die Kaiser hier ihre Resi-
denz. Das waren die Regierungs- und die Wohngebäude der Herrscher. Sie trugen den lateinischen Namen *palatium*, ein Wort, das auch heute
noch in vielen Sprachen für die Häuser der Mäch-
tigen und Adligen steht. Im deutschen *Palast* findet man es wieder, ebenso wie im englischen
palace oder im französischen *palais*. Übrigens ist
der Palatin mit 51 Metern Höhe tatsächlich nur
ein Hügel!

Wie oft findest du das Wort Palatin?

RÄTSEL ?

In den Händen der Verschwörer

Die Männer führten Florus und Cassius auf den Platz mit dem Brunnen, wo eine Sänfte auf den Senator wartete. Faustus warnte die beiden und drohte ihnen mit seinem Dolch, falls sie auch nur den Versuch machen sollten zu fliehen.

Sie überquerten den Fluss Tiber und hielten direkt auf das Forum Romanum zu, auf dem wie immer großer Trubel herrschte. Römische Bürger eilten zum Tempel des Saturn, andere wandelten in den Säulenhallen herum, wieder andere verließen die Gerichtsverhandlungen mit bösen Flüchen, weil sie in einem Prozess unterlegen waren.

Am Fuße des Palatins stieg der Senator aus der Sänfte. Er führte Florus und Cassius durch einen Nebeneingang in ein prachtvolles Haus. Im hinteren Bereich schubste einer der Männer die beiden in eine Kammer und verriegelte sie.

Cassius konnte kaum stehen, so niedrig war der Raum. Licht fiel nur durch die Ritze unter der Tür und ein paar verrutschte Schindeln auf dem Dach.

»Sie werden Livias Vater töten und sein Vermögen rauben.«

»Wir müssen ihn warnen«, flüsterte Florus.

Cassius nickte. Er rüttelte an der Tür. Draußen stieß jemand ein warnendes Knurren aus. Sie wurden also bewacht.

Florus schaute sich um. Seine Augen

gewöhnten sich zwar an das Dämmerlicht, aber in dem Verschlag befand sich nichts, was ihnen helfen konnte. Ein paar Krüge lagen herum, eine kaputte Trinkschale, Gerümpel. Dann blickte er nach oben – und er hatte eine Idee, wie sie vielleicht fliehen könnten.

Bis zum Einbruch der Dunkelheit verhielten sie sich ganz still. Ein Diener brachte ihnen etwas Wasser und Brot.

Sobald es draußen ganz dunkel war, stieg Florus auf Cassius' Schultern. Mit größter Vorsicht räumte er einen Dachziegel nach dem anderen ab, bis das Loch ausreichte, um hindurchzuschlüpfen.

Dann kam der schwierigste Teil: Er musste auf das Dach klettern, ohne es einzudrücken oder gleich einen ganzen Haufen der Ziegel hinunterzutreten. Im

Hof herrschte Stille. Die Wache vor der Kammer saß zusammengesunken da und döste vor sich hin.

Cassius' Versuch, sich ebenfalls nach oben zu ziehen, scheiterte sofort. Die Ziegel zerbrachen und regneten auf ihn hinunter. Er war zu schwer. Florus rührte sich nicht. Der Wächter hustete, rieb sich die Nase – und schlief weiter. Dummerweise saß er jedoch genau vor der Tür. Florus warf einen Blick nach unten durch die Lücke im Dach. Obwohl Cassius wild mit den Armen fuchtelte, um ihn daran zu hindern, machte Florus sich alleine auf den Weg.

INFO

Das Forum einer römischen Stadt war das Zentrum des politischen und religiösen Lebens. Jede römische Stadt hatte ein solches Forum. Das Vorbild für alle diese Plätze ist das Forum Romanum, das an den nördlichen Teil des Palatins in der Stadt Rom grenzt. Es wurde besonders prächtig ausgebaut, um jedem die Macht des Römischen Reiches zu zeigen. Auf dem Forum wurden Gerichtsverhandlungen abgehalten. Besonders wichtig war auf jedem Forum die Rostra, die Rednertribüne. Einige Reste des Forum Romanum kann man heute noch in Rom besichtigen – allerdings sind es fast nur noch Ruinen.

INFO

RÄTSEL

Schau genau hin.

Welche Gegenstände gab es noch nicht
zu Zeiten der Römer?

Eine blutige Nacht

Schon nach wenigen Metern spürte Florus, dass etwas nicht stimmte. Überall hasteten Menschen durch die Gassen, warfen angstvolle Blicke hinter sich. Eine alte Dame raffte ihren Umhang, aber er löste sich und geriet zwischen ihre Beine. Sie strauchelte, konnte sich noch halten, aber eine kleine Kiste aus Holz entglitt ihren Händen und knallte auf das Pflaster.

Sofort bückte Florus sich, um der Frau zu helfen. Er hob die Kiste, deren Deckel kunstvoll bemalt war, auf. Dabei öffnete sich der Verschluss. Florus starrte auf die Edelsteine, die Ketten und Armbänder aus Gold und Silber darin.

»Weg mit dir«, schrie die Frau. »Du elender Dieb, das …« Sie verstummte, denn Florus hatte die Kiste verschlossen und reichte sie ihr. »… ist mein letztes Hab und Gut«, stotterte sie, dann brach sie in Tränen aus. »Mein Mann, meine Söhne – alle sind tot! Bring dich in Sicherheit, Junge, die Straße ist kein Ort für ein Kind heute Nacht.« Sie rannte los und verschwand um die nächste Ecke.

Auch Florus beeilte sich, dass er fortkam. Vorne erkannte er die Umrisse von Gestalten in der Gasse, Rüstungen blitzten auf, laute Schritte waren zu hören. Florus drückte sich in einen Hauseingang. Die Legionäre eilten vorbei, ohne ihn zu bemerken. Je weiter er in die

Wohngebiete der reichen Bürger Roms vordrang, desto häufiger standen Häuser in Flammen.

Als er das Haus von Julius Marcus Severus erreichte, hörte er das panische Wiehern der Pferde. Sie waren der größte Schatz seines Herrn, aber nun führten ein paar dunkle Gestalten die edlen Vollblüter aus dem Hof. Sie hatten die Tiere mit allem, was wertvoll und nicht niet- und nagelfest war, bepackt. Nur die vier schwarzen Hengste tobten in ihren Stallungen. Sie traten wütend gegen die Holzverschläge, sodass sich keiner der Plünderer auch nur in ihre Nähe wagte.

Überall lagen zertrümmerte Möbel herum, Flammen aus einer umgekippten Öllampe leckten an einer Holztreppe. Florus erstickte das Feuer mit einer

Pferdedecke. Immer wieder rief er nach Livia und ihrem Vater, doch das Haus, der Garten – alles schien menschenleer zu sein.

Aus dem Atrium hörte Florus ein Geräusch. Er rannte in die Halle, die das Zentrum des Hauses bildete. In der Mitte lag eine reglose Gestalt. Auch in dem spärlichen Licht erkannte Florus sofort, dass es sich um den Hausherrn handeln musste. Ein dunkler Fleck breitete sich

auf der Tunika des Julius Marcus Severus aus, aber er lebte noch.

Eine Gänsehaut fuhr Florus über den ganzen Körper. Als er zu seinem Förderer laufen wollte, spürte er plötzlich etwas Raues an seinem Hals. Außer einem Röcheln brachte Florus nichts mehr hervor. Jemand hatte ein Seil um seine Kehle geschlungen und zog die Schlinge mit aller Kraft zu.

Florus schlug mit den Armen um sich, trat nach hinten. Er landete einen Treffer in die Rippen des Angreifers, der schmerzerfüllt aufstöhnte.

Die Schlinge lockerte sich und Florus sprang sofort zur Seite. Da erkannte er den Mann: Es war Ursus, der Lieblingssklave von Livias Vater und der Bewacher des Mädchens.

»Ursus!«, rief Florus. »Was ist passiert? Wo ist Livia?«

Der bärenstarke Sklave sank auf die Knie und begann, bitterlich zu weinen. »Ich konnte Livia nicht beschützen. Die Kerle haben sie verschleppt. Morgen schon soll sie in Ostia auf ein Schiff gebracht werden.«

INFO

Ostia liegt keine 30 Kilometer von Rom entfernt an der Mittelmeerküste. Der Name leitet sich von dem lateinischen Wort *os* (die Mündung) bzw. *ostium* (der Eingang) ab, damit ist die Mündung des Flusses Tiber gemeint, der mitten durch Rom fließt. Ostia war lange Zeit einer der wichtigsten Häfen des Römischen Reichs. Zum einen diente die Stadt als Stützpunkt für die Kriegsflotte, aber genauso wichtig war die wirtschaftliche Bedeutung. In Ostia wurde vor allem Getreide zur Versorgung der Stadt Rom angelandet. Die Hauptstadt des Imperiums hatte zeitweilig eine Million Einwohner, da mussten Unmengen von Getreide besorgt werden, um alle satt zu bekommen. Heute liegt das antike Ostia nicht mehr direkt an der Küste, da das Meer im Laufe der Zeit immer mehr versandete.

INFO !

Auf welchem Weg kommt Florus zu dem Haus seines Herrn (das größte im Bild)?

RÄTSEL ⬤ ?

Wo ist Livia?

Florus rannte zur Straße. Am Eingang zu den Pferdeställen stieß er mit Cassius zusammen.

»Ganz Rom ist in Aufruhr, sogar die Wache vor der Kammer hat die Mordlust in die Stadt getrieben«, begrüßte er Florus. »Bei allen Göttern«, rief er beim Anblick des Chaos um das Haus herum aus.

Florus erzählte ihm, was passiert war. »Wir müssen nach Ostia, sofort!«, sagte er schließlich. Er rannte zu dem Stall, in dem die schwarzen Hengste standen.

Sie erkannten Florus und beruhigten sich.

Schon eine halbe Stunde später hatten Cassius und Florus sich durch die Stadt geschlagen. Ein paar Mal versuchten flüchtende Menschen, sie von ihren Pferden zu reißen, aber Cassius spornte die

Tiere an. Die Hengste flogen fast über die Via Ostiensis, die am östlichen Ufer des Tibers bis zu der Hafenstadt führte.

Im Morgengrauen trabten sie auf die Porta Romana zu. Ein Mann der Stadtwache wollte sie aufhalten, aber als Florus ihm erklärte, dass er Cassius, den größten Wagenlenker aller Zeiten, vor sich habe, durften sie passieren.

In der Stadt herrschte fast so ein Trubel wie in Rom. Als sie an der großen Therme vorbeikamen, keimte in Florus die Sehnsucht nach einem Bad auf, um den Schmutz des weiten Ritts abzuwaschen. Sie beeilten sich aber, zum Hafen zu kommen.

Dort kamen und gingen Handelsschiffe, einige wurden entladen, ein Schiffseigner prüfte die Frachtlisten. Aus einer Kneipe schallten fröhliche Trinklieder, ein betrunkener Seemann torkelte direkt vor die Hufe von Florus' Pferd, das erschrocken mit den Vorderhufen in die Höhe stieg. Florus konnte sich gerade noch auf seinem Rücken halten.

»Wo werden die Sklaven verschifft?«, schnauzte Florus den Kerl an, der ihm mit lallenden Worten den Weg erklärte.

Als sie die Anlegestelle erreichten, war kein Schiff zu sehen.

Cassius wischte sich den Schweiß und Schmutz aus dem müden Gesicht und rief einem Mann, der einen Eselskarren belud, zu: »Hey, du! Wir brauchen eine Auskunft.«

»Wenn du Prosperus meinst, den Mann, der dir alles besorgt und nur in bester Qualität, dann sage ich: Ja, hier bin ich und wie kann ich dir dienen, Herr!« Er verbeugte sich bis fast auf den Boden, aber als er sich aufrichtete, glitzerte die Gier in seinen schwarzen Augen. »Jedenfalls, wenn du einen guten Preis dafür zahlst«, fügte er grinsend hinzu.

»Wir suchen ein Mädchen«, sagte Florus. »Sie könnte auf einem Sklaven …«

Prosperus unterbrach ihn barsch: »Ich handle mit allem, aber nicht mit Sklaven. Ich war selbst einer.«

»So wie wir«, mischte Cassius sich ein. »Wir sind auch Freigelassene. Das ist Florus und ich bin Cassius.«

Er erklärte dem Händler, was passiert war. Florus beschrieb Livia, aber Prosperus schüttelte den Kopf.

»Es werden kaum noch Sklaven von hier aus verschifft, aber es gibt Gerüchte in der Stadt.«

»Gerüchte?«

»Morgen Abend soll ein Schiff mit Gefangenen den Hafen verlassenen.« Prosperus äugte nach links und nach rechts. Als er sich sicher war, dass niemand sie belauschte, fuhr er fort: »Sehr wertvolle

Gefangene, sagt man. Gefangene, die für die neue Herrschaft in Rom eine Lebensversicherung sind. G-e-i-s-e-l-n ...«, zischte er fast lautlos.

INFO

Menschen waren im alten Rom nicht gleich, einige wurden sogar eher als Sache betrachtet, nämlich die Sklaven. Sie waren der Besitz eines freien Bürgers, der in allen Dingen über sie verfügen durfte. Sie hatten keine Rechte.

Es gab vier Wege, wie man zum Sklaven oder zur Sklavin werden konnte: durch Kriegsgefangenschaft; wenn man sich selbst verkaufen musste, um seine Schulden loszuwerden; als Strafe für bestimmte Verbrechen oder indem man als Kind einer Sklavin geboren wurde. Sklaven wurden auf Märkten verkauft. Sie waren unterschiedlich viel wert, je nach Gesundheitszustand, Alter, Fähigkeiten usw. Sie hatten aber die Chance, von ihren Besitzern aus der Sklavenschaft entlassen zu werden. Dann nannte man sie Freigelassene.

Wie viele Sorten an Früchten kannst du entdecken?

Auf der Spur der Entführer

Der Händler bot Florus und Cassius eine Unterkunft an, falls sie in der Stadt bleiben wollten. Dankbar nahmen die beiden das Angebot an. Sie striegelten die Pferde, durchstreiften dann die Stadt und gönnten sich am Nachmittag doch einen Besuch im öffentlichen Bad.

Überall hielten sie die Augen und Ohren offen. Die Nachricht von der Verschwörung war längst in Ostia angekommen, aber niemand wusste, ob der Kaiser ihr zum Opfer gefallen war. Es herrschte große Unruhe.

Als sie in der Abenddämmerung zurück zu Prosperus' Laden kamen, erwartete dieser sie bereits. Er winkte sie in ein Hinterzimmer, wo eine Person erschreckt aufsprang. Er war nur ein paar Jahre älter und viel schmächtiger als Florus.

»Nur die Ruhe«, sagte Prosperus. »Das sind die beiden Männer aus Rom, von denen ich dir erzählt habe.«

Florus drückte die Brust ein bisschen heraus. Die beiden Männer! Das gefiel ihm.

»Nun sag schon, was du über die Geiseln weißt, Lucius!«, forderte der Ladenbesitzer den jungen Mann auf.

Dieser verschränkte die Arme vor der Brust und schob die Unterlippe vor. Er schüttelte den Kopf. »Du hast mir eine Belohnung versprochen!«

Prosperus zuckte die Achseln. »Verzeiht«, wandte er sich an Cassius. »Ich habe ihm gesagt, dass euch die Information sicher etwas wert ist.«

Entrüstet warf Florus sich auf Lucius. »Was bist du für ein mieser Schurke!«, schrie er und schüttelte ihn. »Wir müssen Livia retten, sie wird vielleicht …«

»Aufhören, aufhören!«, flehte Lucius.

Cassius zog Florus zurück. Er nahm ein paar Geldstücke aus einem Beutel an

seinem Gürtel. »Wenn sich alles beruhigt hat und wir Livia finden, sollst du eine üppigere Belohnung bekommen, aber jetzt sprich!«

Lucius war ein Diener im Hause des Präfekten von Ostia. Er hatte gesehen, wie sein Herr einen Boten empfangen hatte, der die Ankunft von einigen hochrangigen Gästen aus Rom angekündigt hatte, die unter sicherster Bewachung für eine Nacht untergebracht werden mussten. Sie sollten am nächsten Tag mit einem Schiff nach Panormus auf der Insel Sicilia gebracht werden.

»Sie kamen gerade, als ich die neunte Stunde ausrufen musste«, sagte Lucius.

Florus verdrehte die Augen. »Als wir im Dampfbad saßen!«, murmelte er. »Wir Idioten!«

»Hast du sie gesehen?«

Lucius nickte. »Es waren zehn oder zwölf Männer und Frauen – alle in Ketten.«

»War ein Mädchen dabei?« Florus Stimme bebte.

Wieder nickte Lucius. »Ein sehr schönes Mädchen, mit Augen so grün wie das Meer vor der Küste meiner Heimat Sardinia.«

»Das muss Livia sein! Führe uns auf der Stelle zum Haus des Präfekten!«, rief Florus.

INFO

In der Antike gab es verschiedene Formen der Zeitmessung und Uhren. In den Häusern der reichen Römer gab es Sklaven, die die Zeit ausriefen. Durch Griechen und Ägypter kannten die Römer Sonnen- und Wasseruhren. Die Nacht wurde in vier Nachtwachen eingeteilt, die von Sonnenuntergang bis Sonnenaufgang gezählt wurden. Das Ende der zweiten Nachtwache war also ungefähr Mitternacht. Auch den Tag teilte man grob in vier Teile: Morgen, Vormittag, Nachmittag und Abend. Man nummerierte die Stunden von 1 bis 12. Die *hora sexta* (sechste Stunde) war etwa die Zeit der Mittagspause. Der Begriff hat im italienischen Wort *siesta* überlebt.

Welche Wörter kannst du mit UHR zusammensetzen?

BUCH TASCHEN KARTE
ZEIGER TASSE ZEIT
ARMBAND STUHL

RÄTSEL

Hilflos!

Das Haus des Präfekten lag auf einer kleinen Anhöhe.

»Sie werden von schwer bewaffneten Soldaten bewacht. Es gibt keine Möglichkeit, sie von dort zu befreien«, flüsterte Lucius.

Schon auf den ersten Blick war Florus klar, dass Lucius nicht übertrieb: Es handelte sich eher um eine Festung als um ein Wohngebäude. Überall sah er Wachtposten.

Die Garde des Präfekten konnte sich mit der des Kaisers messen, das war unübersehbar. Sie standen mit gekreuzten Speeren vor allen Eingängen. In der anderen Hand hielten sie ihre Schilde. Ihre Helme schimmerten silbrig im Mondlicht.

Florus und Cassius harrten bis zur Morgendämmerung in einem kleinen Säulengang an der nächsten Straßenecke aus. Die ersten Sonnenstrahlen krochen gerade über die Dächer der Stadt, als sich im Haus des Präfekten Unruhe ausbreitete. Ein paar Minuten später rumpelte etwas und eines der großen Tore wurde geöffnet. Sofort war Florus hellwach. Er stupste Cassius in die Seite.

Umringt von Bewachern wurde eine Gruppe von Männern und Frauen durch die Gasse getrieben. Das Klirren von Ketten hallte durch die morgendliche Stille. Vier Reiter folgten dem Tross.

»Da ist sie«, rief Florus. »Livia!«

In der Mitte der Gruppe richtete sich eine Gestalt auf. Für einen Wimpernschlag trafen sich die Blicke Livias mit denen von Florus. Ihre grünen Augen, unter denen dunkle Schatten lagen, leuchteten auf. Der Hoffnungsschimmer trieb sogar ein Lächeln über ihr Gesicht.

Auch die Wächter hatten den Ruf gehört. Sofort hoben sie die Schilde und Schwerter ein wenig an und schauten nach links und rechts, aber Cassius hatte Florus gerade noch hinter die Säule eines Tempels gezogen. Er presste eine Hand auf den Mund des Jungen. Einer der Reiter preschte direkt auf die Säule zu, drehte dann jedoch ab. Sie hatten Glück gehabt.

Sie zögerten nicht, sondern machten sich sofort auf den Weg zum Hafen. Völlig außer Atem erreichten sie ihn vor dem Tross der Gefangenen. Das Schiff wartete bereits. Ohne eingreifen zu können, musste Florus zuschauen, wie die Gefangenen auf das Schiff gebracht wurden.

»Und jetzt?«, fragte er.

Die Enttäuschung stand ihm ins Ge-

sicht geschrieben. Er war nicht nur ent-
täuscht, sondern auch sauer auf sich. Er
hatte Livia direkt vor der Nase gehabt
und nichts getan – das würde sie ihm nie
verzeihen. Wenn er sie überhaupt jemals
wiedersah! Bei diesem Gedanken schos-
sen Florus Tränen in die Augen.

Cassius drückte den Jungen an sich.
»Hey, hey, hey! Was hast du bei mir ge-
lernt?«

Florus schaute auf und sah Cassius fragend an. Er wusste nicht, was sein Freund meinte.

»Ein Rennen gewinnt man nicht in der ersten, sondern in der letzten Runde! Und unser Rennen beginnt gerade erst. Komm mit!« Er fasste Florus bei der Hand.

Sie gingen zu Prosperus' Laden.

»Wir brauchen ein Schiff!«, sagte Cassius.

Der Händler zuckte die Achseln. »Ich sage doch: Wenn du genug Geld hast, besorge ich auch das.«

Cassius lachte. »Was redest du! Ich will wissen, welches Schiff nach Panormus fährt, so bald wie möglich.«

»Es fährt kein Schiff nach Panormus in den nächsten Tagen, aber vielleicht finden wir eine andere Möglichkeit«, sagte

Prosperus. »Es gibt da allerdings ein Problem.«

Welches Schattenbild passt zu dem Schiff?

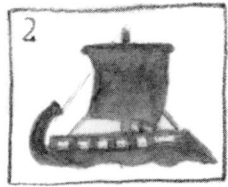

RÄTSEL

Auf die Galeere

Prosperus, der eines von Cassius' Pferden bestiegen hatte, führte sie zum nördlichen Stadttor, wo sie sehr bald die Straße verließen und einem Weg folgten, der sie immer näher an die Küste führte.

Als die Sonne schon fast den höchsten Stand erreichte, hielt Prosperus in einer kleinen Bucht an. Er zückte eine zierliche Tonflöte und blies hinein. Der schrille Klang schmerzte Florus in den Ohren. Die Pferde tänzelten nervös. Fast auf der Stelle antwortete eine ähnliche Pfeife aus dem Kiefernwäldchen, das den Strand säumte.

»Los!«, befahl Prosperus und lenkte sein Pferd in die Richtung, aus der die Antwort gekommen war. Sobald sie den Wald betreten hatten, umringte sie plötzlich eine Schar von Jungen und Männern, als seien sie aus dem Erdboden aufgetaucht. Die braun gebrannten und bärtigen Kerle trugen nur Lendenschurze und waren fast alle barfuß.

»Ich bin Prosperus, der Händler«, rief Prosperus. »Wo ist Kapitän Tryphon?«

»Das geht dich gar nichts an«, antwortete ein Junge, kaum älter als Florus, auf dessen Schulter ein winziges Äffchen mit kreisrunden großen Augen saß.

»Bringt mich und meine Freunde zu ihm«, befahl Prosperus mit fester Stimme, aber Florus spürte, dass er sich seiner Sache nicht wirklich sicher war. Er wurde das Gefühl nicht los, dass eine falsche Bewegung oder ein falscher Ton genügten, und die Bande würde über sie herfallen.

Die Männer verbanden den drei Besu-

chern die Augen und brachten sie zu einer Höhle.

An den Wänden hingen offene Fa-
ckeln, die ein flackerndes Licht spende-
ten – ein richtiges Piratennest. Auf einem
Felsenvorsprung, der mit üppigen Fellen

ausgekleidet war, lag ein dickbäuchiger Mann, der seine Zähne gerade in ein knusprig gebratenes Hähnchen grub.

»Prosperus, du alter Betrüger, was willst du? Ich habe keine Ware für dich, die Geschäfte laufen schlecht«, begrüßte der Piratenkapitän den Händler.

»Du machst Geschäfte mit Verbrechern?«, fragte Florus.

»Still«, zischte Prosperus und raunte ihm zu: »Ich kaufe ihm gelegentlich begehrte Waren ab, besonders Gewürze und seltene Öle. Ohne mich müssten die römischen Damen vielleicht ganz darauf verzichten, weil der Barbar sich damit den Hintern einreibt!«

»Hört auf, miteinander zu flüstern«, schimpfte Tryphon.

»Heute habe ich etwas für dich!«, sagte Prosperus laut.

Tryphon beugte sich vor und rieb sich die Hände. Seine Schweinsäuglein kullerten und glitzerten und er hörte sich ohne eine Unterbrechung an, was Prosperus ihm vorschlug. »Sie sind auf einem einfachen Handelsschiff weggebracht worden, ein tüchtiger Seemann wie du holt sie spielend ein. Alles auf dem Schiff gehört dir, nur das Mädchen musst du den beiden hier überlassen«, beendete der Händler seine Rede.

Der Piratenkapitän rutschte von seinem steinernen Thron hinab. »Und du bürgst mir für die beiden?«, fragte er.

Prosperus zuckte die Achseln. »Wenn sie dir nicht gehorchen, wirfst du sie einfach ins Meer!«

Einen kurzen Moment herrschte Totenstille in der Höhle. Dann brach zuerst Tryphon in schallendes Gelächter aus.

Der Händler stimmte ein und endlich kicherten auch die anderen Piraten, die sich bisher mucksmäuschenstill verhalten hatten. Auch Florus und Cassius rangen sich ein Lächeln ab, aber Florus war sich nicht sicher, ob Prosperus' Empfehlung wirklich ein Scherz gewesen war.

Tryphon klatschte zweimal laut in die Hände und beendete das Gelächter. »Macht unsere Nymphe klar. Wir stechen in See. Und du, Junge, kannst an den Rudern beweisen, ob du ein echter Kerl bist.«

INFO

Zeitweilig störten Piraten die Getreideversorgung Roms sehr. Darauf erteilte Rom dem Feldherrn Pompeius so weitgehende Vollmachten, dass er innerhalb weniger Wochen die Sicherheit der Seewege herstellen konnte. Pompeius teilte die römische Flotte in viele kleine Gruppen auf und blockierte alle Piratenhäfen gleichzeitig. Das römische Heer griff die Schlupfwinkel vom Land aus an. Andere Flotten jagten die restlichen Piraten auf dem Meer und verhinderten deren Zusammenschluss. Auch den letzten Stützpunkt der Piraten im heutigen Alanya in der Türkei nahm Pompeius schließlich ein. Ganz ausrotten konnte er die Piraterie nicht, aber sie gefährdeten danach nicht mehr die Versorgung Roms.

Löse das Rätsel. Welches Wort erhältst du?

**Schreibe die Buchstaben auf, die fehlen.
Setze sie der Reihe nach zusammen.**

RÄTSEL ?

Florus wird Pirat

Florus brauchte nicht einmal eine Stunde, um sich an das flaue Gefühl im Bauch zu gewöhnen. Cassius konnte sich dagegen kaum auf den Beinen halten, so schlimm erwischte ihn die Seekrankheit.

Die nicht sehr große Galeere mit dem Namen Nymphe durchpflügte das Wasser und schon bald hatten sie Ostia hinter sich gelassen. Obwohl Florus gerne gerudert hätte, ließ der Piratenkapitän ihn trotz seiner Ankündigung nicht an die Riemen. Seine Aufgabe bestand da-

rin, den schwitzenden Männern Trink-
wasser zu bringen.

»Wir haben Glück!«, sagte Tryphon.
»Eine solche Windstille habe ich schon
lange nicht mehr erlebt. Wir werden sie
bald einholen.«

Noch vor Sonnenuntergang tauchte
ein Segel am Horizont auf. Die Männer
an Bord jubelten, Tryphon rieb sich die
Hände. Florus stellte den Wassereimer
ab und rannte nach vorne zum Bug des
Schiffes. Er beugte sich weit über die Reling, beschattete die Augen mit der
Hand, aber die Entfernung war noch zu
groß, um zu erkennen, ob es das richtige Schiff war. Auch Cassius schleppte
sich zu ihm.

»Oh, wäre ich doch Wagenlenker ge-
blieben!«, stöhnte er.

Der Rammsporn an der Spitze er Ga-

leere durchpflügte das Wasser. Er war mit Metall beschlagen und glänzte in der Abendsonne. Ein leichter Wind-hauch kam auf, aber Tryphons Laune war nicht zu trüben. »Sie entkommen uns nicht!«, feuerte er seine Männer immer wieder an und tatsächlich näherten sie sich ihrer Beute immer schneller.

Schon bald konnte Florus Einzelheiten erkennen. An Deck des anderen Schiffes liefen die Seeleute und die wenigen Soldaten, die zur Bewachung der Geiseln mitgefahren waren, aufgeregt durcheinander. Kurz bevor sie es erreichten, befahl Tryphon Florus und Cassius, sich nach hinten zum Heck der Galeere zu begeben.

Dann ging alles ganz schnell. Die Körper der Ruderer glänzten schweißnass, ihre Muskeln traten hervor, aber die Männer erhöhten das Tempo kurz vor dem Zusammenstoß noch einmal.

Das Holz der Schiffswand gab so leicht nach, als bohrte man den Finger in die Kruste eines Brots. Die Planken splitterten, es krachte, ein Ruck ging durch die Galeere. Sie verhakte sich im Rumpf des Gegners.

Sofort sprangen die bewaffneten Piraten hinüber auf das Handelsschiff. Florus folgte ihnen. Er hatte weder einen Dolch noch ein Schwert, aber die Überzahl von Tryphons Männern beschäftigte die Bewacher der Geiseln mehr als genug. Die anderen Seeleute ergaben sich, weil sie um ihr Leben fürchteten.

»Livia!?«, schrie Florus immer wieder, bis er das Mädchen in einer Kammer im

Heck des Schiffes gefunden hatte. Sie hämmerte mit den anderen Gefangenen an die verschlossene Tür.

Florus wollte den Riegel wegschieben, aber bevor er den Verschlag öffnen konnte, umschloss eine Hand seinen Arm.

»So haben wir nicht gewettet.«

Florus brauchte einen kurzen Moment, bis er die Stimme erkannte. Als der Name durch seinen Kopf schoss, legte sich auch schon eine Klinge an seinen Hals.

»Faustus«, krächzte Florus.

»Wir hätten nicht auf diesen dummen Senator hören, sondern dich und deinen Freund schon in der Taverne zu den Göttern schicken sollen.«

Faustus lockerte seinen Griff ein wenig. Er war sich seiner Sache ganz sicher, aber Florus hatte zumindest einen Gott auf seiner Seite.

»Neptun freut sich auf deinen Besuch«, stieß Florus hervor, denn im selben Moment ging ein Ruck durch das Schiff. Der Rammsporn hatte sich aus dem Bug gelöst.

Faustus kippte zur Seite und verlor den Halt. Der Dolch entglitt seiner Hand. Die Waffe schlitterte über die Planken.

Florus versetzte Faustus einen Stoß. Der Verschwörer stieß gegen die Reling und ging über Bord.

Dann öffnete Florus die Kammer. »Schnell, ihr müsst hinüber auf die Galeere, sonst geht ihr mit dem Schiff unter!«, rief Florus. Die Gefangenen strömten hinaus aufs Deck.

Als Allerletzte stürzte auch Livia aus der Kammer. Sie schlang die Arme um Florus und drückte einen Kuss auf seine

Lippen. Blitzschnell lief sein Gesicht knallrot an.

»Ähem ...«

Mehr brachte Florus nicht hervor. Erst nachdem er Livia in Sicherheit gebracht hatte, fand er seine Stimme wieder. »Ich muss helfen, die Beute zu sichern, bevor alles auf dem Meeresboden landet. Ich bin jetzt schließlich ein ...«, das Wort ging noch nicht so ganz flüssig über seine Lippen, »... ein Pirat.«

INFO

Im Römischen Reich glaubte man an eine Vielzahl von Göttern und nicht an einen einzigen Gott (wie z.B. die Christen). Sie waren für unterschiedliche Dinge und Lebensbereiche zuständig. Der oberste Gott war Jupiter (Blitz und Donner), die oberste Göttin war Juno (Familie, Geburt). Andere wichtige Götter waren Mars (Krieg), Venus (Liebe), Saturn (Ackerbau) oder Diana, die Göttin der Jagd. Neptun wurde als Gott der Gewässer und des Meeres verehrt. Sein Zeichen ist der Dreizack, eine Art Lanze mit drei Spitzen, die auch heute noch im Fischfang verwendet wird. Auf alten Bildern und Statuen wird Neptun oft auch mit einem Delfin abgebildet.

INFO

Kannst du die Quizfragen beantworten?
Hilfe findest du in den Infoboxen.

1. EIN BERÜHMTER PLATZ
   IN ROM HEISST FORUM ...
   a) Romani b) Romanum
   c) Romanom

2. WIE HIESS DIE HAFEN-
   STADT IN DER NÄHE
   ROMS?
   a) Ostio b) Ostian c) Ostia

3. WAS IST EINE LIBURNE?
   a) eine Frucht b) ein Schiff
   c) ein Buch

4. EINER DER SIEBEN HÜGEL
   ROMS HEISST ...
   a) Palatin b) Palaton c) Pilatan

5. EIN SENATOR WAR EIN ...
   a) Händler b) Soldat c) Politiker

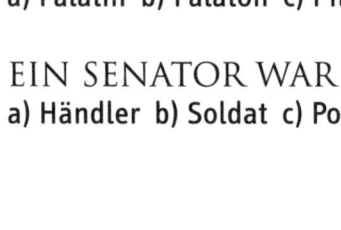

RÄTSEL ?

Auflösungen:

S. 16: Lösungswort: Senator.

S. 25:

S. 33: Das Wort Palatin ist 3-mal zu sehen.

S. 40: Glühbirne, Skier, Fernseher, Fahrrad, Tennisschläger, Wecker, Handy, Füller, Spielzeugauto, Kabel, Plastikball.

S. 48: Weg 2 ist der richtige.

S. 58: Sieben Sorten (Trauben, Feigen, Zitronen, Äpfel, Melonen, Birnen, Orangen).

S. 65: Lösungswörter: Taschenuhr, Uhrzeiger, Uhrzeit, Armbanduhr.

S. 73: Schattenbild Nummer 5.

S. 83: Lösungswort: Galeere

S. 94: 1. b)   2. c)   3. b)   4. a)   5. c)